Navegando pela língua portuguesa

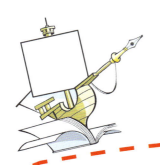

Douglas Tufano

Formado em Letras e Educação pela Universidade de São Paulo, é autor de vários livros didáticos e paradidáticos na área de literatura, língua portuguesa e história da arte, dentre os quais: *Navegando pelo dicionário*, *Navegando pela história do livro*, *A carta de Pero Vaz de Caminha*, *Jean Baptiste Debret*, *Gramática Fundamental*, *Moderno dicionário escolar*, todos publicados pela Editora Moderna.

Ilustrações: Gilmar e Fernandes

DE ACORDO COM AS NOVAS NORMAS ORTOGRÁFICAS

1ª edição
São Paulo, 2007

MODERNA

© DOUGLAS TUFANO, 2007

COORDENAÇÃO EDITORIAL: Lisabeth Bansi
PREPARAÇÃO DE TEXTO: Sérgio Roberto Torres
COORDENAÇÃO DE PRODUÇÃO GRÁFICA: André Monteiro, Maria de Lourdes Rodrigues
COORDENAÇÃO DE REVISÃO: Estevam Vieira Lédo Jr.
REVISÃO: Adriana Cristina Bairrada
EDIÇÃO DE ARTE/PROJETO GRÁFICO: Ricardo Postacchini
ILUSTRAÇÕES DE CAPA E MIOLO: Gilmar, Fernandes
COORDENAÇÃO DE PESQUISA ICONOGRÁFICA: Ana Lucia Soares
PESQUISA ICONOGRÁFICA: Camila D'Angelo
DIAGRAMAÇÃO: Camila Fiorenza Crispino
COORDENAÇÃO DE TRATAMENTO DE IMAGENS: Américo Jesus
TRATAMENTO DE IMAGENS: Evaldo de Almeida
SAÍDA DE FILMES: Helio P. de Souza Filho, Marcio Hideyuki Kamoto
COORDENAÇÃO DE PRODUÇÃO INDUSTRIAL: Wilson Aparecido Troque
IMPRESSÃO E ACABAMENTO: A.S. Pereira Gráfica e Editora EIRELI

Lote:792060 - Codigo: 12054694

Dados Internacionais de Catalogação na Publicação (CIP)
(Câmara Brasileira do Livro, SP, Brasil)

Tufano, Douglas
  Navegando pela língua portuguesa / Douglas Tufano. — 1. ed. — São Paulo : Moderna, 2007.

  1. Português (Ensino fundamental) I. Título.

07-1890   CDD-372.6

Índices para catálogo sistemático:
1. Português : Ensino fundamental   372.6

Reprodução proibida. Art.184 do Código Penal e Lei 9.610 de 19 de fevereiro de 1998.

Todos os direitos reservados
EDITORA MODERNA LTDA.
Rua Padre Adelino, 758 - Belenzinho
São Paulo - SP - Brasil - CEP 03303-904
Vendas e Atendimento: Tel. (0_ _11) 2790-1300
Fax (0_ _11) 2790-1501
www.modernaliteratura.com.br
2024
Impresso no Brasil

Introdução

A língua portuguesa é a nossa língua. No Brasil todo, conversamos, pensamos, cantamos, escrevemos e até sonhamos em português!

Viajando pelo imenso território brasileiro, você pode ouvir diferentes sotaques e até mesmo algumas palavras que não conhece. Mesmo assim consegue entender o que brasileiros de outras regiões dizem. Apesar dessa variedade de jeitos de falar, todos no Brasil falam uma mesma língua: o idioma português. Agora, prepare-se! Vamos fazer uma viagem pela história da nossa língua e conhecer um pouco de sua riqueza!

Viajando no tempo

Entre em uma máquina do tempo e volte para 1915. Agora você está em um mundo estranho, bem diferente do seu.

Nada de computador, televisão, foguete. Telefone celular, então, nem pensar! Pelas ruas, homens, mulheres e crianças usam roupas bem diferentes daquelas que se usam hoje em dia.

Nos cartazes, placas e tabuletas, você percebe uma língua escrita não exatamente igual à de hoje. Mas que escrita diferente!

Para ver mais dessa escrita de 1915, você entra em uma livraria, onde está sendo lançada uma edição de *O patinho feio*, de Hans Christian Andersen. Você pega um exemplar e lê um trecho desse livro.

Observe que nesse texto de 1915 muitas palavras não estão escritas da mesma forma que fazemos hoje.

Crianças na cidade de São Paulo, em 1912.

Algumas crianças chegaram ao jardim e puzeram-se a atirar á agua migalhinhas de pão.

A menor dellas, batendo as mãozinhas, exclamou alegre:

— Mas reparem! Ali está mais um cysne!

Os irmãos, logo que o verificaram, começaram a dansar á margem do lago, dizendo:

— Sim, sim, é verdade, ali está mais um cysne!

Depois correram a levar a notícia a seus paes, em cuja companhia regressaram ao lago, afim de atirar ás lindas aves pedacinhos de pão-de-ló!

— E o novo é o mais lindo! Vejam como é elegante!

Os velhos cysnes tambem assim o julgavam, e passaram vagarosamente pela sua frente, inclinando-se em signal de respeito!

O novo cysne sentia-se acanhado com tantos elogios! Escondeu a cabeça em baixo de uma aza, por não saber o que havia de fazer.

Mas não o dominava a vaidade.

Um bom coração não se deixa nunca levar por esse feio sentimento.

Elle comparava, apenas, as duas phases de sua vida, julgando-se pago de todas as passadas dôres!

Hontem, tão infeliz, desprezado, perseguido e maltratado.

Hoje, até os cysnes saudavam-no com a maior admiração!

Estava, pois, radiante de felicidade.

Fonte: *O patinho feio*, Hans Andersen. © Weiszflog Irmãos, São Paulo, 1915.

Confira as diferenças:

1915	Hoje
puzeram-se	puseram-se
agua	água
dellas	delas
cysnes	cisnes
dansar	dançar
paes	pais
afim de	a fim de
tambem	também
signal	sinal
aza	asa
elle	ele
phases	fases
dôres	dores
hontem	ontem

As línguas se transformam com o passar do tempo. O português que falamos e escrevemos hoje não é o mesmo de outras épocas. Se a sua máquina do tempo viajar para um passado ainda mais distante, você poderá ver como nasceu a língua portuguesa...

O *você* já foi *vossa mercê*

A história do pronome **você** é um exemplo de como as palavras se transformam ao longo dos anos.

Nos tempos bem antigos, sempre que alguém dirigia palavras ao rei, era obrigatório usar a expressão **vossa mercê**. Mas a forma dessa expressão foi mudando:

vossa mercê → vossemecê → vosmecê → você

Além de mudar de forma, esse pronome mudou de uso, pois se transformou numa palavra de uso popular.

Como tudo começou

A história da língua portuguesa começou há muito tempo, alguns séculos antes do nascimento de Cristo, na cidade de Roma, na Itália, onde se falava uma língua chamada **latim**.

● Como sempre ocorre em todas as línguas, havia diferenças entre o latim falado e o escrito.

● No século II a. C., os romanos invadiram a Península Ibérica, onde hoje estão Portugal e Espanha. Após a chegada dos soldados, vieram colonos e comerciantes, que passaram a conviver com o povo nativo. Foram fundadas várias cidades.

As pessoas que antes da chegada dos romanos já viviam nessa região falavam outras línguas, mas foram obrigadas a usar o latim. É claro que elas não falavam exatamente como os romanos! Assim, com o tempo, o latim que se usava ali foi se modificando e ganhando um jeito especial.

Por volta do ano 400 da era cristã, a península já estava totalmente romanizada. Os ibéricos viviam à moda romana, falando uma língua derivada do latim.

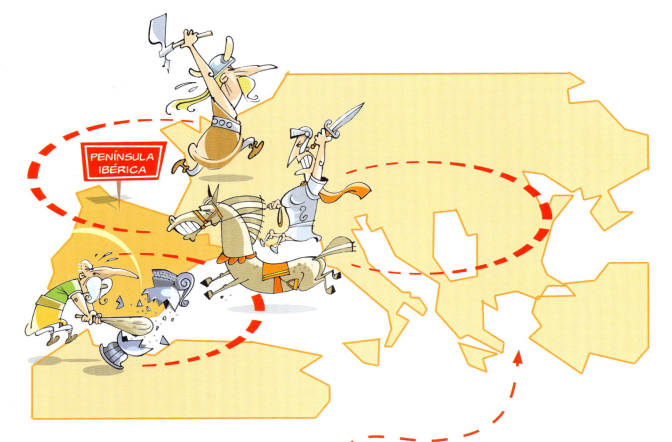

O final da ocupação da Península Ibérica pelos romanos

Nessa época, houve um grande corre-corre na península, por causa da invasão de povos guerreiros (como os alanos, os suevos, os vândalos, os visigodos), que começaram a saquear e conquistar cidades!

Muitas palavras desses povos guerreiros passaram a fazer parte do vocabulário geral dos ibéricos: **grupo, agasalho, guerra, roupa, sopa, branco, dardo, ganso, estribo**.

Vândalos e vandalismo

Os vândalos fizeram tanta destruição que, com o tempo, o nome deles virou um substantivo que significa "pessoas que destroem monumentos ou bens públicos".

A influência do árabe

Ano 711. Os árabes invadem a Península Ibérica e lá fundam muitas vilas e cidades, conquistando aos poucos uma imensa região.

Como a dominação dos árabes durou mais de setecentos anos, muito da cultura árabe se misturou ao modo de vida dos ibéricos. Em particular, muitas palavras árabes acabaram entrando no vocabulário comum e passaram a ser faladas por todos. Eis algumas delas:

A palavra fulano é usada para indicar alguém cujo nome não queremos dizer ou não sabemos. Ela veio da palavra árabe fulan, que significa "uma certa pessoa".

Exemplo: *Ontem, na loja, fui atendido por um fulano mal-educado.*

arroz, azeite, azeitona, açougue, açude, laranja, alface, limão, alfinete, alqueire, alicate, bazar, cabide, aldeia, álcool, almôndega, xerife, cuscuz, almofada, azar, jarro.

Uma boa dica para saber se uma palavra é de origem árabe é verificar se ela começa com **al**, que em árabe é um artigo, mas que acabou se juntando ao substantivo, em português. Temos muitos casos assim em nossa língua. Veja:

Árabe	Português
al-kharxofa	alcachofra
al-hayyat	alfaiate
al-khuarizmi	algarismo
al-qutun	algodão
al-gazara	algazarra
al-manak	almanaque
al-djamara	algema

A fundação de Portugal

As lutas para expulsar os árabes da Península Ibérica duraram séculos. As regiões dominadas por eles foram sendo reconquistadas pelos ibéricos pouco a pouco. Em 1143, num território tomado dos árabes, foi fundado o reino de Portugal, que, nessa época, chamava-se Condado Portucalense.

Nesse período, surgiram os primeiros textos escritos em uma nova língua – o galego-português —, assim chamada porque era falada na Galiza e em Portugal.

Esse é o tempo dos trovadores, nome que se dava às pessoas que compunham as cantigas tocadas e cantadas nas festas dos palácios e nas aldeias. Os artistas que tocavam os instrumentos musicais e cantavam eram chamados de jograis.

A época dos trovadores foi também a época dos cavaleiros que vestiam armaduras e participavam de combates.

Armadura de cavaleiro do século XV.

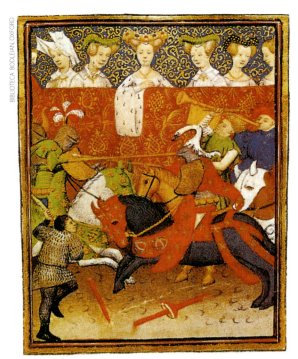

Cavaleiros em combate (ilustração do século XV).

A língua falada em Portugal foi se transformando com o passar do tempo. Por volta de 1450, ela já era parecida com o português moderno, e os textos dessa época podem ser entendidos ainda hoje sem muita dificuldade. Veja estes versos de uma cantiga do trovador João Ruiz de Castelo Branco:

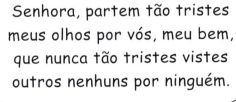

Senhora, partem tão tristes meus olhos por vós, meu bem, que nunca tão tristes vistes outros nenhuns por ninguém.

Você não achou fácil entender estes quatro versos? Pois eles foram escritos há mais de 500 anos!

O Brasil entra na História. Os índios e os africanos

Em 1500, em nome de Portugal, Pedro Álvares Cabral tomou posse de um grande território que, depois, ganharia o nome de Brasil. Esse território já era habitado por povos que os portugueses chamaram de índios.

Para ocupar o Brasil, grupos de colonos portugueses começaram a chegar aqui, vivendo principalmente da criação de animais e da agricultura.

As diversas tribos que viviam no litoral falavam línguas parecidas, pois a maioria delas pertencia à família da língua tupi. Com o tempo, o contato entre portugueses e índios foi aumentando e eles começaram a se comunicar melhor.

Livro de José de Anchieta sobre a língua mais usada pelos índios que viviam na costa brasileira.

• Junto com os colonos vieram também missionários católicos, com o objetivo de converter os índios ao cristianismo. Um desses religiosos foi o padre jesuíta José de Anchieta, que, em 1595, publicou uma gramática da língua mais usada pelos índios na costa do Brasil. Esse livro ajudou muito os missionários que se dirigiam ao Brasil.

Por meio dessa convivência, muitas palavras da língua tupi passaram a fazer parte do vocabulário dos colonizadores. Com isso, a língua portuguesa falada no Brasil foi ficando cada vez mais diferente da língua falada em Portugal.

JIBOIA!

A presença de palavras de origem tupi é muito grande em nossa língua. Veja alguns exemplos:

animais – arara, capivara, cutia, gambá, jacaré, jararaca, jiboia, lambari, paca, piranha, sabiá, saracura, saúva, siri, tamanduá, tatu, taturana, urubu.

árvores e frutos – abacaxi, cajá, caju, jabuticaba, jacarandá, jequitibá, maracujá, peroba, pitanga.

comida – amendoim, beiju, macaxeira, mandioca, mingau, paçoca, pamonha, pipoca.

nomes de pessoas – Abaeté, Araci, Guaraciaba, Jaci, Juraci, Jurema, Moema, Paraguaçu, Ubirajara.

nomes de cidades – Aracaju, Atibaia, Barueri, Bertioga, Botucatu, Caruaru, Catanduva, Guaratinguetá, Itatiaia, Itatiba, Itu, Jaú, Jundiaí, Niterói, Paquetá, Peruíbe, Piracicaba, Tietê, Ubatuba.

Peteca

Você gosta de jogar peteca? Além de divertidíssima brincadeira, é um exercício muito saudável!

A palavra **peteca** vem do tupi **pe'teka**, que significa "bater com a palma da mão". Quem não conhece peteca?

A influência dos escravos

Como precisavam de muita gente para trabalhar nas casas e fazendas que havia no Brasil, os portugueses passaram a aprisionar e escravizar pessoas de diferentes lugares da África para trazê-las para cá.

Os escravos tinham uma vida sofrida e cruel. Trabalhavam nos campos e nas cidades, fazendo todo tipo de serviço, sem salário nem direitos.

Na América do Sul, o Brasil foi o país que mais recebeu escravos. De 1550 a 1850, foram trazidos para cá cerca de 4 milhões de africanos escravizados, entre homens, mulheres e crianças.

Oficialmente, o fim da escravidão só ocorreu no dia 13 de maio de 1888, quando a princesa Isabel, filha do imperador D. Pedro II, assinou a chamada Lei Áurea.

Os escravos que vinham da África não falavam todos a mesma língua, pois procediam de diferentes nações. Muitas palavras usadas por eles passaram a fazer parte de nossa língua:

samba, marimba, marimbondo, berimbau, macumba, banguela, mandinga, angu, acarajé, quitute, vatapá, fubá, cachimbo, caçula, moleque, cafuné, xingar, senzala

No livro *Viagem pitoresca e histórica ao Brasil*, o artista francês Jean-Baptiste Debret, que viveu no Rio de Janeiro de 1816 a 1831, representou várias cenas de escravos trabalhando e também sofrendo castigos.

Alguns escravos representados no livro de Debret

A influência africana está presente na cultura brasileira.

Como vimos, foi forte a influência dos escravos africanos e dos índios sobre a língua portuguesa falada no Brasil. O modo português de organizar as frases não se modificou, mas a pronúncia foi mudando e muitas palavras que se usam no Brasil são desconhecidas em Portugal. Brasileiros e portugueses falam a mesma língua, podem muito bem se comunicar pela fala ou pela escrita, mas logo se percebe quem é do Brasil e quem é de Portugal.

Chegam outros imigrantes

Imigrantes são pessoas que saem de seu país de origem e vão viver em outro. Geralmente, eles deixam seu país natal porque estão passando dificuldades. Por isso, procuram uma vida melhor em outro país.

De 1500 a 1800, praticamente só imigrantes portugueses vieram para o Brasil, num total aproximado de 700 mil pessoas.

De 1800 a 1900, imigrantes portugueses continuaram chegando, mas gente de outros países da Europa, principalmente da Alemanha, Espanha e Itália, também vieram ao Brasil em busca de melhores condições de vida. Depois de 1900, chegaram também sírios, turcos e japoneses, além de grupos menores de vários outros países.

Família Gragnani. Imigrantes italianos na praia do Gonzaga, em Santos (SP), na década de 1920.

Família de imigrantes japoneses em passeio pela cidade de São Paulo, na década de 1930.

Viu só? A população brasileira não tem apenas uma origem! Ela é composta de descendentes de pessoas de diferentes regiões do mundo.

A presença desses imigrantes contribuiu para provocar ainda mais mudanças no jeito de falar do brasileiro.

Aos poucos, conforme o lugar onde os imigrantes iam morar, a língua portuguesa falada no Brasil também ia se modificando e ganhando jeitos ou sotaques diferentes, de região para região.

Hoje, você percebe facilmente, por exemplo, que um gaúcho não fala como um baiano, um carioca não fala como um paulista, um pernambucano não fala como um paranaense. Além do ritmo, da sonoridade da fala, há várias palavras que são usadas num lugar e desconhecidas em outro.

Vamos ver se você sabe o que significam essas palavras e quais delas são usadas na sua região?

**jegue/burro - mandioca/macaxeira
abóbora/jerimum - guri/garoto
pandorga/pipa**

O imigrante alemão Júlio Stern (no centro) e família, em Rio Claro (SP).

Imigração no Brasil – de 1884 a 1959

Nacionalidade	1884-1903	1904-1959
Alemães	28.976	146.946
Espanhóis	215.258	468.124
Italianos	1.048.317	459.378
Portugueses	326.163	1.065.735
Japoneses	—	176.735
Sírios e turcos	7.220	86.603
Outros grupos	109.344	487.303
Total	1.735.278	2.890.824

(Fonte: http://www.ibge.gov.br)

Formação do vocabulário

O vocabulário da nossa língua, como você viu, foi herdado principalmente dos portugueses e compõe-se, na maioria, de palavras de origem latina. Além disso, houve também contribuições dos idiomas indígenas, dos africanos e dos imigrantes. Mas o empréstimo de palavras entre as línguas nunca se interrompeu.

Veja estes exemplos de palavras de origem estrangeira que entraram na nossa língua, foram aportuguesadas e são usadas até hoje:

Língua de origem	Exemplos
italiano	aquarela, mortadela, palhaço, salame, serenata
inglês	clube, futebol, repórter, bife, pudim, sanduíche
francês	restaurante, abajur, envelope, placar, valise, hotel
espanhol	amistoso, pandeiro, mochila, pastilha, pirueta

Atenção, quando for a Portugal...

Com tantas e variadas influências sobre a nossa língua, aumentam cada vez mais as diferenças entre o vocabulário português e o brasileiro. Em muitos casos, portugueses e brasileiros usam palavras bem diferentes para se referirem às mesmas coisas.

Veja só:

Portugal	Brasil	Portugal	Brasil
comboio	trem	peão	pedestre
autocarro	ônibus	casa de banho	banheiro
fato	terno	pastilha elástica	chiclete
peúgas	meias de homem	bota	chuteira
chávena	xícara	quinta	sítio
ecrã	tela (de tv, de cinema)	autoclismo	descarga (de banheiro)
tira-cápsulas	abridor de garrafas	paragem	ponto de ônibus

Na escrita também há algumas diferenças entre nós e os portugueses. Observe:

Portugal	Brasil
director	diretor
acção	ação
óptimo	ótimo
dezasseis	dezesseis
dezassete	dezessete
dezanove	dezenove
facto	fato

ELE MANDOU UM CHUTO AO GOLO, MAS O GUARDA-REDES DEFENDEU.

ELE DEU UM CHUTE AO GOL, MAS O GOLEIRO DEFENDEU.

Por isso, se você visitar Portugal, tome cuidado com as palavras!

Palavras que ficam velhas e são aposentadas

Com o passar do tempo, muitas palavras ou expressões vão deixando de ser empregadas pela maioria das pessoas e praticamente desaparecem. Essas palavras são chamadas de **arcaísmos**. Quando ouvimos pessoas bem mais velhas ou quando lemos essas palavras num texto, podemos ter necessidade de consultar um dicionário para saber o que elas significam. Às vezes, até achamos graça, mas é normal... Quando você for adulto, provavelmente usará palavras que as crianças não vão conhecer – e elas também vão achar engraçado!

Você gostaria de conhecer mais arcaísmos? Então, converse com pessoas mais velhas e pergunte quais palavras elas usavam quando eram crianças e que hoje não são mais usadas. Anote essas palavras e mostre para os seus colegas de classe. Quem será que vai encontrar mais palavras?

É **sopa** fazer esse trabalho.
sopa = muito fácil

Ele foi **caipora** e não conseguiu o que queria.
caipora = azarado

O **gatuno** quis entrar na casa, mas o cachorro não deixou.
gatuno = ladrão

Como surgem novas palavras

Como o conhecimento humano não para de crescer, é necessário criar palavras para designar as descobertas e invenções que ocorrem o tempo todo, no mundo. Essas novas palavras são chamadas de **neologismos**.

Foi o caso, por exemplo, do **telefone**. Quando foi inventado, não se sabia como chamá-lo. A solução encontrada foi criar uma palavra formada de dois elementos gregos: *tele* (= distante) + *fone* (= som, voz). Portanto a palavra telefone quer dizer "som ou voz distante".

Outro exemplo de neologismo é a palavra **cosmonauta**: *cosmo* (palavra grega que significa mundo ou universo) + *nauta* (palavra latina que significa navegante). Então cosmonauta é "navegante do universo".

E quem não conhece hoje a palavra **internauta**? Esse foi o neologismo criado para indicar o navegante da internet.

Aliás, o desenvolvimento dos computadores e da internet é responsável pelo surgimento de muitas palavras, que foram tiradas principalmente da língua inglesa e aportuguesadas. Eis mais alguns exemplos:

deletar – apagar, eliminar (do inglês *delete*)

becape – cópia de segurança (do inglês *backup*)

escâner – aparelho capaz de captar dados e imagens para reproduzi-los em um computador (do inglês *scanner*)

Mouse

Você sabia que *mouse*, em inglês, significa camundongo? É isso mesmo. Esse aparelhinho que manejamos para usar um computador recebeu esse nome porque sua forma lembra a de um camundongo ou um ratinho. Aliás, em Portugal, eles não usam a palavra inglesa; preferem dizer **rato**.

A gíria

Gírias são palavras e frases usadas num sentido especial por um grupo de pessoas. Há, por exemplo, as gírias dos estudantes, surfistas, jogadores de futebol, roqueiros, policiais.

As gírias também podem variar de região para região. Os estudantes do Nordeste, por exemplo, não usam as mesmas gírias que os estudantes do Sul ou de outras regiões.

As gírias não costumam durar muito tempo. Elas geralmente são quase um modismo. As gírias que seus pais usavam quando eram jovens não são usadas por você.

Revista *Cascão*, nº 441, página 15.

Os dicionários

Os dicionários explicam as palavras que formam o vocabulário de uma língua. Além de explicar os significados das palavras, eles podem dar também várias outras informações. A explicação de cada palavra dada pelo dicionário recebe o nome de verbete. Veja o exemplo:

> **cordial** cor·di·**al**
> adj.masc.fem. Gentil, amável: *ele foi cordial comigo.*
> ❖ *pl.* cordiais.
>
> ◉ Cordial é palavra formada com base na palavra latina *cordis*, que significa *coração*; cordial, portanto, significa *aquele que trata os outros com o coração*, ou seja, *com boa vontade, com atenção*.

(*Moderno Dicionário Escolar.* Douglas Tufano. São Paulo, Moderna, 2005.)

Nesse verbete, você aprendeu o significado de **cordial** e ficou sabendo que essa palavra é um adjetivo que tem a mesma forma no masculino e no feminino; leu também uma frase de exemplo, viu como se faz a separação silábica, qual é a sílaba tônica e ainda conheceu a origem da palavra. Quantas informações um dicionário pode trazer!

Há muitos bons dicionários da nossa língua. Procure adquirir o hábito de consultá-los sempre que encontrar uma palavra nova. Aos poucos, você irá enriquecer seu vocabulário.

Etimologia: estudo da origem das palavras

Estudar a origem das palavras pode ser muito divertido, pois muitas delas têm histórias bem interessantes. Quer um exemplo? É o caso da palavra **músculo**. Essa palavra vem do latim *musculus*, que significa ratinho. Isso mesmo — ratinho. Observando o movimento dos músculos, principalmente dos braços e das pernas, os antigos romanos achavam que eles pareciam ratinhos se mexendo por baixo da pele.

Nomes de pessoas

Você sabia que os nomes das pessoas também têm origem e significado? Como a maioria das palavras da nossa língua veio do latim, há muitos nomes de origem latina no Brasil. Mas há também nomes de origem tupi, árabe etc.

Como muita gente escolhe para seus filhos nomes tirados da Bíblia, há entre nós muitos nomes de origem hebraica e grega, pois uma parte da Bíblia foi escrita em hebraico (o chamado Velho Testamento) e a outra parte foi escrita em grego (o Novo Testamento). Conheça a origem e o significado de alguns nomes comuns no Brasil. O seu está entre eles?

● Bem, esta é apenas uma pequena lista. Se quiser conhecer outros nomes, você pode procurar na internet, onde há vários *sites* dedicados a esse assunto.

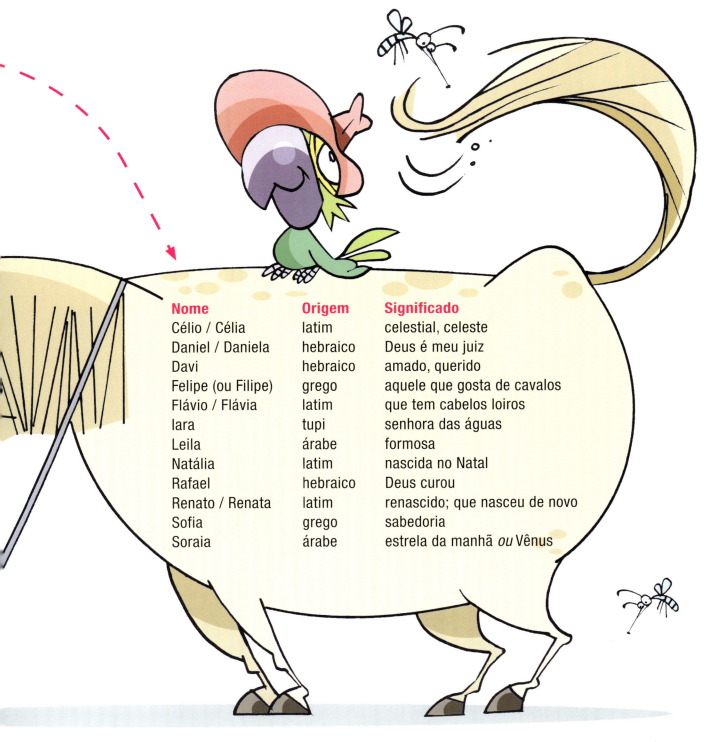

Nome	Origem	Significado
Célio / Célia	latim	celestial, celeste
Daniel / Daniela	hebraico	Deus é meu juiz
Davi	hebraico	amado, querido
Felipe (ou Filipe)	grego	aquele que gosta de cavalos
Flávio / Flávia	latim	que tem cabelos loiros
Iara	tupi	senhora das águas
Leila	árabe	formosa
Natália	latim	nascida no Natal
Rafael	hebraico	Deus curou
Renato / Renata	latim	renascido; que nasceu de novo
Sofia	grego	sabedoria
Soraia	árabe	estrela da manhã *ou* Vênus

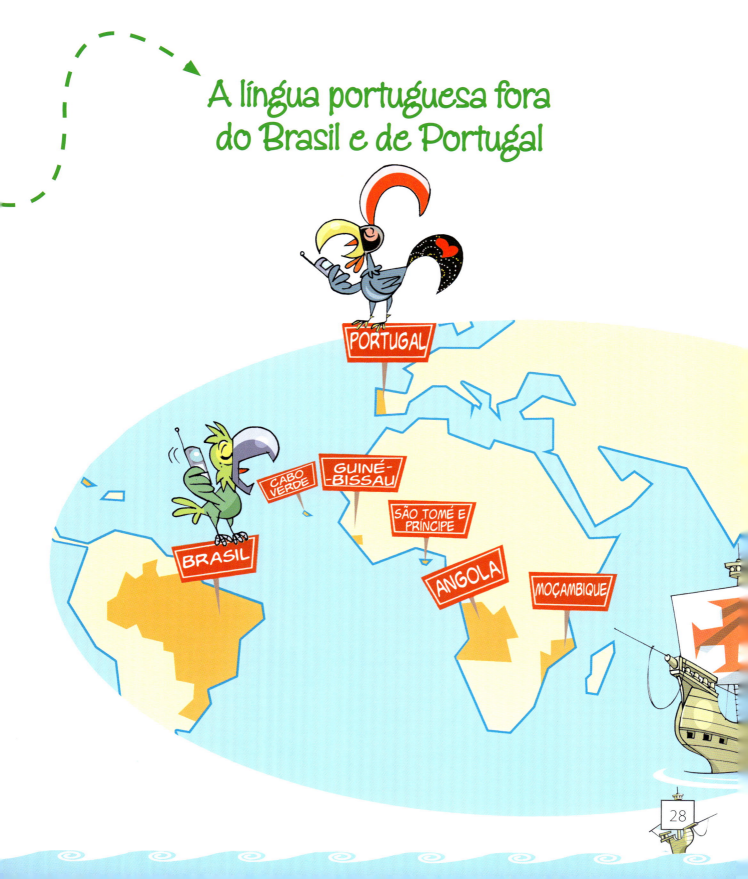

A língua portuguesa não é falada apenas em Portugal e no Brasil.

No século XVI, além do Brasil, os portugueses conquistaram outras regiões na África e na Ásia. Nesses lugares, a língua portuguesa também passou a ser usada, mas as línguas nativas não desapareceram e continuaram a ser faladas juntamente com o português, que sofreu modificações na pronúncia e no vocabulário.

Com o tempo, essas regiões se tornaram países livres e alguns adotaram a língua portuguesa como idioma oficial.

Hoje, além de Portugal e Brasil, seis países têm o português como língua oficial: Cabo Verde, Guiné-Bissau, Moçambique, Angola, São Tomé e Príncipe, Timor Leste.

Países onde o português é a língua oficial.

Atenção com o português de Angola!

Em Angola, servir o **mata-bicho** é apenas servir o café da manhã. E chamar uma pessoa de **cambuta** é dizer que ela é baixinha.

E, por falar em Angola, foram os escravos vindos de lá que trouxeram ao Brasil uma dança chamada **semba**, que depois se transformou no nosso samba.

A língua portuguesa e suas "irmãs"

No início deste livro, comentamos que a língua portuguesa nasceu das transformações do latim. Isso aconteceu com outras línguas também, que podemos chamar de "irmãs" da nossa língua. Todas pertencem à mesma família – a das línguas românicas: o italiano, o francês, o espanhol, o romeno, o catalão e o provençal.

Há muitas semelhanças entre as línguas românicas. Veja, por exemplo, os números de 1 a 10 em português, em italiano, em espanhol e em francês:

Português	Italiano
um	uno
dois	due
três	tre
quatro	quattro
cinco	cinque
seis	sei
sete	sette
oito	otto
nove	nove
dez	dieci

Espanhol	Francês
uno	un
dos	deux
tres	trois
cuatro	quatre
cinco	cinq
seis	six
siete	sept
ocho	huit
nueve	neuf
diez	dix

Final da viagem

Nossa viagem pela história da língua portuguesa está terminando. Mas ela é a primeira de outras viagens que você certamente fará para saber mais sobre a riqueza da nossa língua.
Nos livros de literatura e nas letras de música, poderá conhecer escritores e compositores que transformam nosso idioma em obras de arte. Com eles, você passará momentos de emoção e alegria e aprenderá, cada vez mais, a gostar da língua portuguesa.

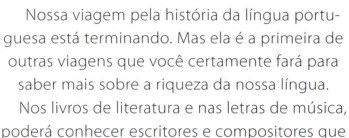